Dinosauro

libro puzzle per bambini

Questo libro
è di
proprietà:

____

____

____

Colora l'immagine

1 Giallo   4 Verde   7 Rosa

2 Blu   5 Grigio

3 Marrone   6 Arancione

Colora l'immagine

1 Verde   4 Marrone

2 Arancione   5 Viola

3 Giallo   6 Blu

Colora l'immagine

1 Verde   4 Giallo   7 Grigio

2 Viola   5 Marrone

3 Rosso   6 Arancione

Colora l'immagine

1 Giallo   4 Verde

2 Arancione   5 Grigio

3 Marrone   6 Blu

Quali numeri mancano?

Completare i numeri mancanti

Collegare i punti

Collegare i punti

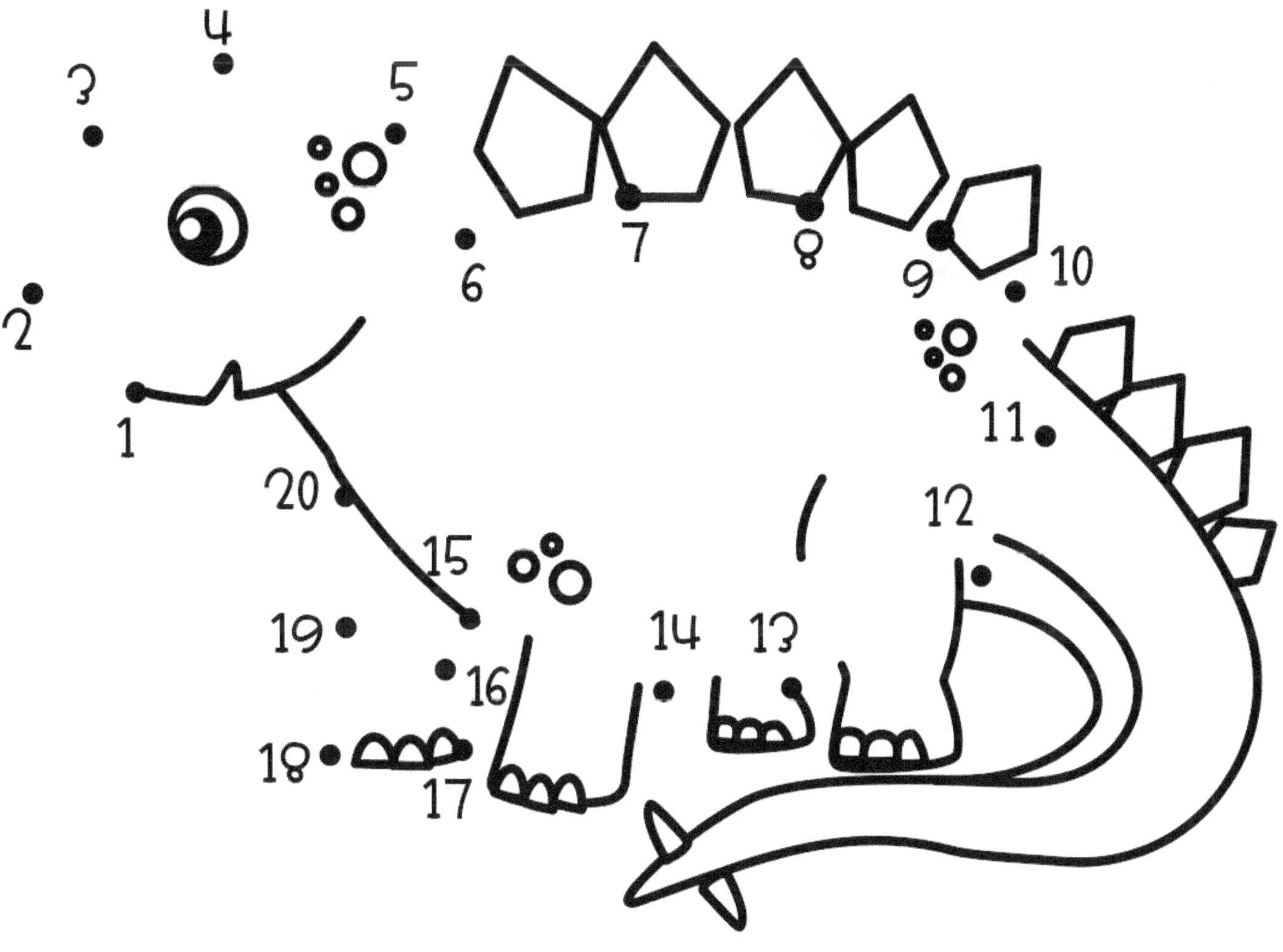

Collegare i punti

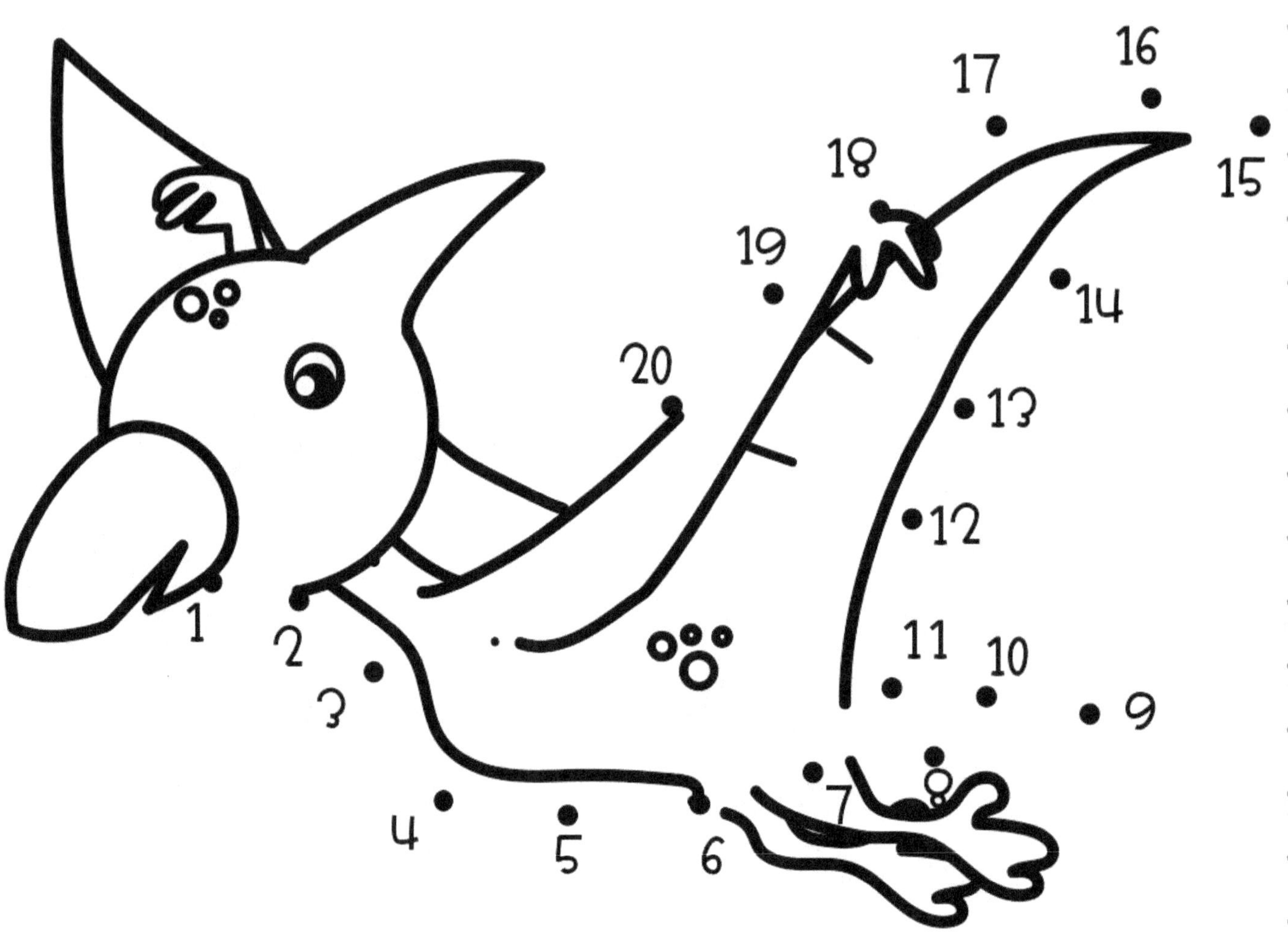

Collegare i punti

Imparare a dipingere un dino

Imparare a dipingere un dino

Riesci a trovare l'uscita?

Trovateli e contateli!

Conta i dinosauri, dipingili e scrivi il numero sottostante

Quali numeri mancano?

Completare i numeri mancanti

Ricerca per parola

queste parole si nascondono qui

VERTEBRATO   UCCELLO   PREDA

RETTILE   RAPACE   CARNIVORO

PREDATORE   ONNIVORO

ERBIVORO

Ricerca per parola

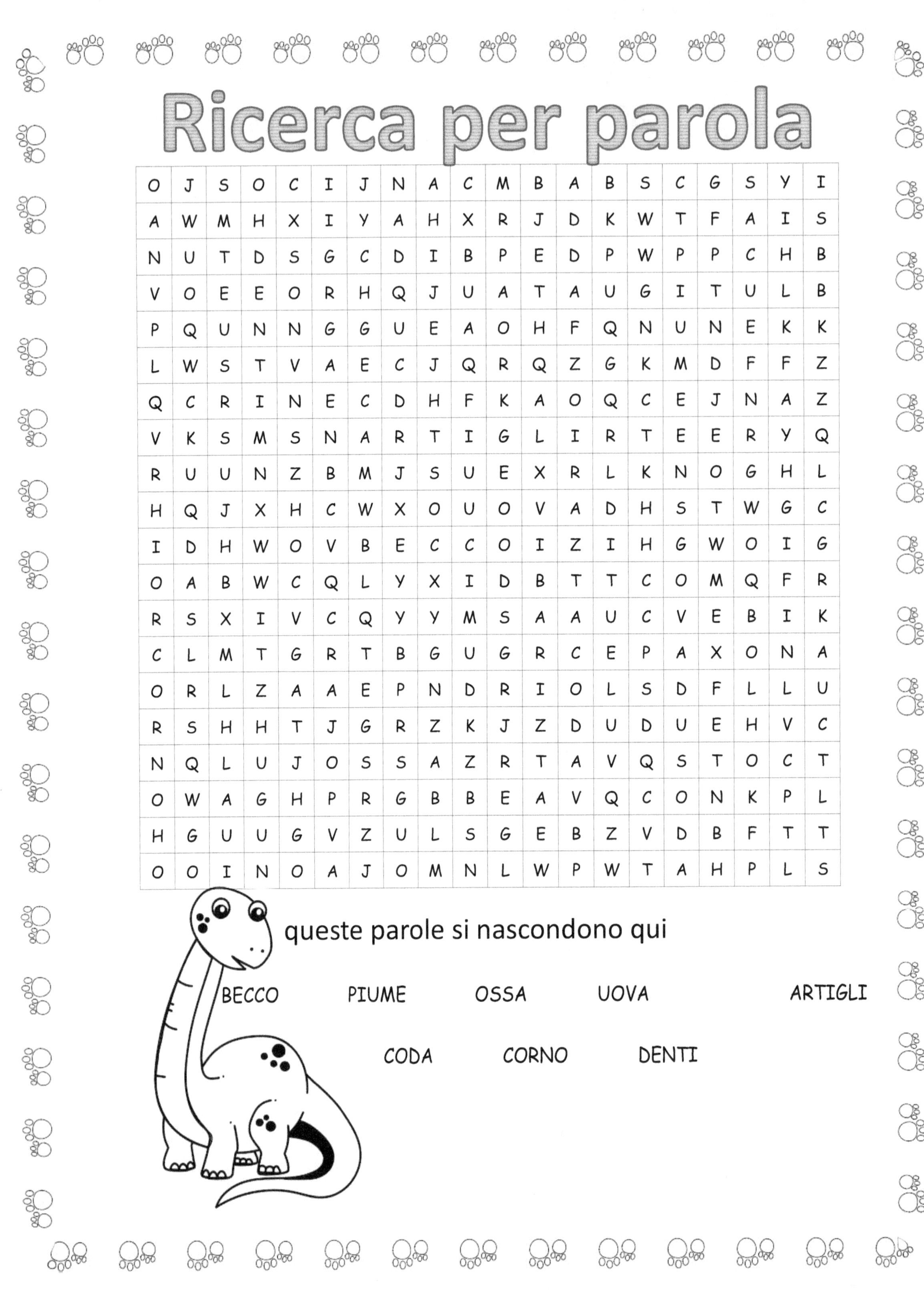

O	J	S	O	C	I	J	N	A	C	M	B	A	B	S	C	G	S	Y	I
A	W	M	H	X	I	Y	A	H	X	R	J	D	K	W	T	F	A	I	S
N	U	T	D	S	G	C	D	I	B	P	E	D	P	W	P	P	C	H	B
V	O	E	E	O	R	H	Q	J	U	A	T	A	U	G	I	T	U	L	B
P	Q	U	N	N	G	G	U	E	A	O	H	F	Q	N	U	N	E	K	K
L	W	S	T	V	A	E	C	J	Q	R	Q	Z	G	K	M	D	F	F	Z
Q	C	R	I	N	E	C	D	H	F	K	A	O	Q	C	E	J	N	A	Z
V	K	S	M	S	N	A	R	T	I	G	L	I	R	T	E	E	R	Y	Q
R	U	U	N	Z	B	M	J	S	U	E	X	R	L	K	N	O	G	H	L
H	Q	J	X	H	C	W	X	O	U	O	V	A	D	H	S	T	W	G	C
I	D	H	W	O	V	B	E	C	C	O	I	Z	I	H	G	W	O	I	G
O	A	B	W	C	Q	L	Y	X	I	D	B	T	T	C	O	M	Q	F	R
R	S	X	I	V	C	Q	Y	Y	M	S	A	A	U	C	V	E	B	I	K
C	L	M	T	G	R	T	B	G	U	G	R	C	E	P	A	X	O	N	A
O	R	L	Z	A	A	E	P	N	D	R	I	O	L	S	D	F	L	L	U
R	S	H	H	T	J	G	R	Z	K	J	Z	D	U	D	U	E	H	V	C
N	Q	L	U	J	O	S	S	A	Z	R	T	A	V	Q	S	T	O	C	T
O	W	A	G	H	P	R	G	B	B	E	A	V	Q	C	O	N	K	P	L
H	G	U	U	G	V	Z	U	L	S	G	E	B	Z	V	D	B	F	T	T
O	O	I	N	O	A	J	O	M	N	L	W	P	W	T	A	H	P	L	S

queste parole si nascondono qui

BECCO PIUME OSSA UOVA ARTIGLI

CODA CORNO DENTI

Ricerca per parola

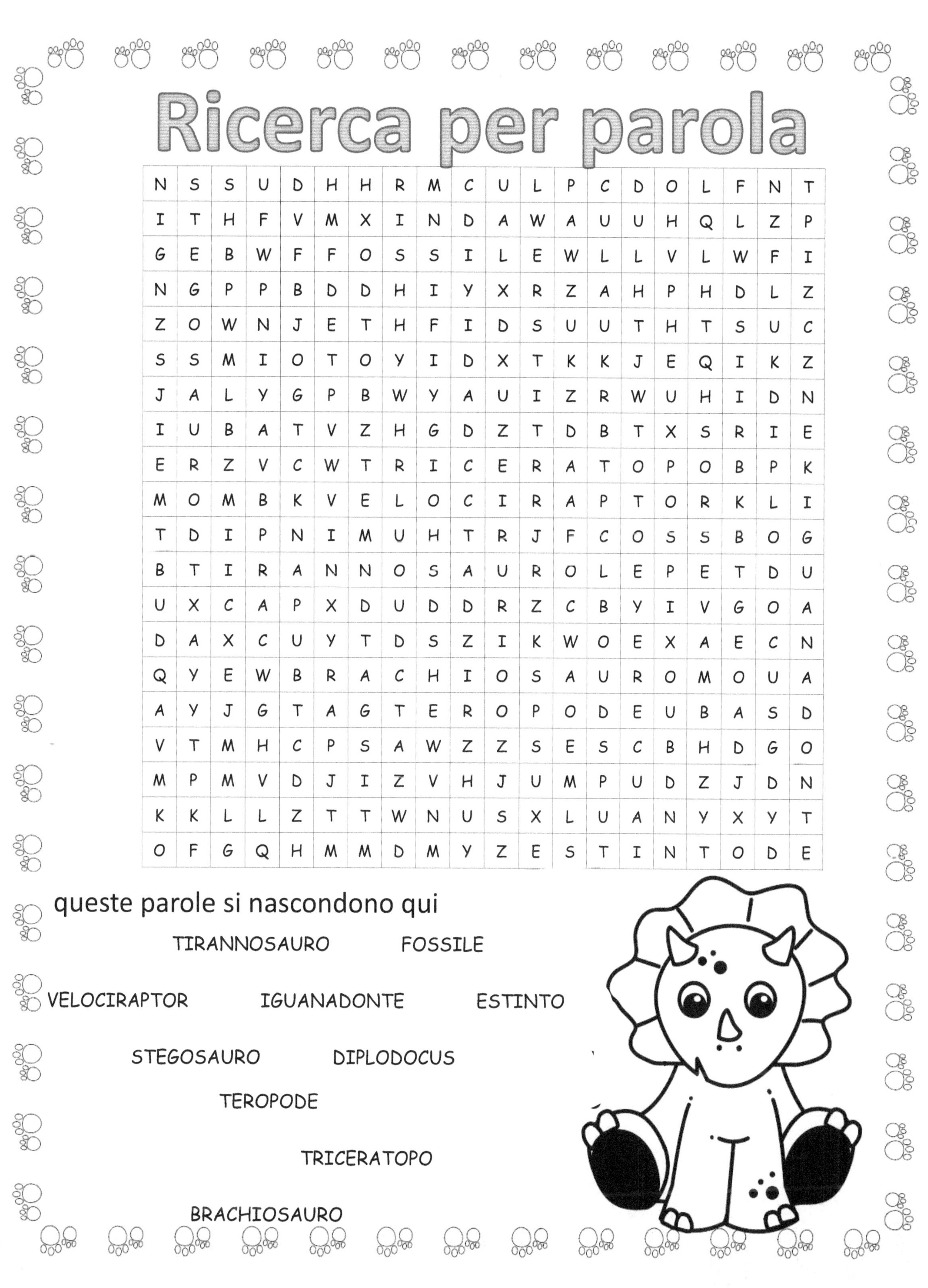

N	S	S	U	D	H	H	R	M	C	U	L	P	C	D	O	L	F	N	T
I	T	H	F	V	M	X	I	N	D	A	W	A	U	U	H	Q	L	Z	P
G	E	B	W	F	F	O	S	S	I	L	E	W	L	L	V	L	W	F	I
N	G	P	P	B	D	D	H	I	Y	X	R	Z	A	H	P	H	D	L	Z
Z	O	W	N	J	E	T	H	F	I	D	S	U	U	T	H	T	S	U	C
S	S	M	I	O	T	O	Y	I	D	X	T	K	K	J	E	Q	I	K	Z
J	A	L	Y	G	P	B	W	Y	A	U	I	Z	R	W	U	H	I	D	N
I	U	B	A	T	V	Z	H	G	D	Z	T	D	B	T	X	S	R	I	E
E	R	Z	V	C	W	T	R	I	C	E	R	A	T	O	P	O	B	P	K
M	O	M	B	K	V	E	L	O	C	I	R	A	P	T	O	R	K	L	I
T	D	I	P	N	I	M	U	H	T	R	J	F	C	O	S	S	B	O	G
B	T	I	R	A	N	N	O	S	A	U	R	O	L	E	P	E	T	D	U
U	X	C	A	P	X	D	U	D	D	R	Z	C	B	Y	I	V	G	O	A
D	A	X	C	U	Y	T	D	S	Z	I	K	W	O	E	X	A	E	C	N
Q	Y	E	W	B	R	A	C	H	I	O	S	A	U	R	O	M	O	U	A
A	Y	J	G	T	A	G	T	E	R	O	P	O	D	E	U	B	A	S	D
V	T	M	H	C	P	S	A	W	Z	Z	S	E	S	C	B	H	D	G	O
M	P	M	V	D	J	I	Z	V	H	J	U	M	P	U	D	Z	J	D	N
K	K	L	L	Z	T	T	W	N	U	S	X	L	U	A	N	Y	X	Y	T
O	F	G	Q	H	M	M	D	M	Y	Z	E	S	T	I	N	T	O	D	E

queste parole si nascondono qui

TIRANNOSAURO FOSSILE

VELOCIRAPTOR IGUANADONTE ESTINTO

STEGOSAURO DIPLODOCUS

TEROPODE

TRICERATOPO

BRACHIOSAURO